生命，因閱讀而大好

怒らニャい禅語 感情をシンプルにする60方法

解憂貓禪語

不生氣、不焦慮、
不受他人影響，像貓一樣做自己

枡野俊明 著
王蘊潔 譯

生氣焦慮、理智線斷掉……
你想不想擺脫這一切，
像貓一樣自在做自己，
帶著自由的心生活？

序言

「如果可以像貓一樣，自由自在，慵懶過日子，不知道該有多好？」

你是否曾經有過這種念頭？

我認為，貓的生活方式，是一種悟道的境界。

牠們沒有任何邪念惡意，只是隨心所欲、自在逍遙地過日子。心情好的時候，會纏著人陪牠們玩，但心情惡劣的時候，或是想自己靜一靜的時候，即使再怎麼呼喚牠們，牠們也不會看你一眼。

貓這種活得很自我的生活態度，深深吸引了我們，也療癒了我們。我家也養了貓，的確是百看不厭。

但是，我們人類很難像貓一樣生活。

在日常生活中，我們會被各種感情影響，深陷苦惱。

生氣這件事尤其麻煩。有時候會因為一些芝麻小事感到心煩，忍不住皺起眉頭。越是覺得「不可以生氣」，反而越想越氣。你是否也曾經有過類似的經驗呢？

這種時候，禪語可以為我們解憂。

禪語是古代禪僧畢生嚴格修行悟道後，留給後人的精華。他們用禪語這種通俗易懂的方式，說明了他們在修行中的發現，和自由的悟道世界。

禪語都十分簡單，但其中凝縮了豐富的智慧，能協助我們邁向幸福生活。

比方說，有一句禪語是「看腳下」。

也有請人「慢慢喝杯茶」的禪語。

或許各位會覺得這些禪語未免太過平淡，但是這些簡單易行的事，正是遠離怒氣的智慧。

請各位讀者翻開本書，找到自己喜歡的禪語。

學習像貓一樣無拘無束，輕鬆過日子吧！

合掌

於建功寺方丈　枡野俊明

CONTENTS

第三章 莫競爭

第四章 莫焦慮

第五章 莫受影響

第六章 莫停歇

HOW TO USE

使用本書的方法

本書中的六十句禪語，有助於我們遠離怒氣等負面情緒，
像貓一樣怡然自得地生活。
除了可以從第一頁依序看到最後一頁，
還可以用以下的方法閱讀本書。

1

有想解決的煩惱，或是想遠離的情緒時，在心裡默唸
「我想學習對我有幫助的禪語」，然後翻開本書，
就可以從翻開的那一頁上，學到為人生帶來啟發的禪語。

2

拿起書隨手翻閱，**看到自己喜歡的禪語、句子或是照片，**
就看那一頁的內容。出聲朗讀禪語，或是仔細欣賞貓的照片，
有助於更深入瞭解文字的意義。

3

每天早上，在內心發問：**「今天可以學到什麼禪的智慧？」**
然後翻開本書。一整天都牢記從當天禪語中體會到的意義，
並把結果寫在日記上。每天持續練習，禪的教導將深植內心。

第一章

莫生氣

調整心態，每一天都可以「怡然自得」

「禪修的僧侶一定不會生氣或是難過，隨時都能保持平常心。」

不時會聽到有人這麼說，但是，這當然不是事實。雖然和普通人相比，禪修僧侶喜怒哀樂的心情起伏的確比較少，但僧侶終究是凡人，有時候會生氣，也會感到失望或是迷惘……

但是，即使感情有起伏，禪修僧侶也能夠很快恢復原來的平靜。

一方面是因為修行的力量，但還有一個更大的理由。那就是修行僧瞭解一件事——所有喜怒哀樂的原因都源自於自己的心。

有一則關於中國唐代高僧六祖慧能禪師的軼事。有一天，他造訪某家寺院，看到兩名僧侶在被風吹動的旗幟前爭執。其中一名僧侶說：「旗幟剛才動了。」另一名僧侶主張：「不，不是旗幟動，而是風在動。」雙方各執己見，互不相讓。

慧能禪師見狀，就對兩名僧侶說：

「旗幟和風都沒有動，是你們兩個的心動了。」

寺院的住持原本在一旁聽著兩名僧侶爭執，聽到慧能禪師說的話，立刻知道眼前這名禪師絕對是高僧。

我們在日常生活中，都必須和別人打交道，每個人的處境、想法、年齡，以及生長的環境都各不相同，在相處的過程中發生摩擦是理所當然的事。

發生摩擦時，一直為「他為什麼說這種話？」、「我是不是那樣做比較好？」這種問題煩惱，也無濟於事。

一旦生氣，一旦內心產生了疙瘩，就很難輕易消失。即使已經事過境遷，但仍然會耿耿於懷。因此，我們必須學習控制自己的情緒和感情，訓練自己隨時調整心態。

學會調整心態之後，就能夠處變不驚，無論發生任何事，都會視為過眼雲煙。就像無論周遭的環境再怎麼吵吵鬧鬧，都能怡然自得地像打瞌睡的貓一樣，每天優雅地享受生活。

八風吹不動

無論是順風還是逆風，都要樂在其中。

禪認為八風就是生活中遇到的八種境界，分別是「利（代表成功）、譽（代表讚譽）、稱（代表稱道）、樂（代表歡愉）」這四種順風，和「衰（代表衰滅）、毀（代表毀謗）、譏（代表中傷）、苦（痛苦）」這四種逆風。

人生過程中，無法預測什麼時候會吹什麼風，所以我們有時候會忍不住嘆息：「為什麼現在會吹這種逆風？」有時候，也可能因為宜人的春風而興奮得意。但是，只要稍微遠離目前身處的狀況，冷靜地注視自己，就不會因為風向的改變而受影響。

禪向我們傳授了無論順風、逆風都處變不驚的智慧，無論在任何狀況下都能樂在其中。

洗心

只要洗滌心靈的
汙垢和塵埃，
自由純潔的「你」，
將綻放光芒。

如果不經常打掃房間，就會漸漸積起灰塵和汙垢。

人心也一樣。只要在社會上生活，內心就會在不知不覺中沾染到各種「汙垢」。

比方說，「我想要那個」的欲望和執著，「我很糟」的自我貶低、自卑感、憤怒和嫉妒……等，這些心靈的汙垢就像體脂肪，一旦變成「心靈的代謝症候群」，就會掩蓋你真正美好的部分，更可怕的是，會讓你每天的生活都感到壓力沉重，喘不過氣。

因此，我們每天都要勤於「洗滌心靈」。

你可以用自己的方式洗滌心靈。難過時痛快地哭一場、欣賞一朵美麗的花、和心愛的寵物嬉戲、開口說「謝謝」……這些簡單易行的小事，就可以洗滌心靈的汙垢。

你知道嗎？我們和諸佛一樣，都擁有一顆沒有一絲汙垢、高尚的心。

這稱為「佛性」。我們要勤於洗滌心靈，洗除掩蓋了我們佛性的汙垢。

一笑千山青

無論面對悲傷、憤怒或是不安，
還是對渺小的自己，都一笑置之吧！

當你感到怒不可遏，全身的血都衝向腦袋時，不妨試著笑一笑。

笑一笑，你會感覺到肩膀放鬆了，然後就會發現，其實仔細想一想，也不是什麼大不了的事。

笑容的威力很強大，可以讓我們豁然開朗，看到一些為小事煩惱、鑽牛角尖時，所看不到的事；笑容可以讓我們擺脫煩惱，視野變得開闊，就好像一睜開眼，就發現眼前千山一碧的美景盡顯。

禪教導我們，「遇到生氣的狀況時，就努力笑一笑」。不受現實狀況的影響，面帶笑容向前邁進的態度，有助於開拓人生。

你是不是覺得，眼前的狀況讓人根本笑不出來？
正因為這樣，更要努力笑一笑。為了自己，揚起嘴角吧！

水急不流月

無論周圍的環境如何變化，你依然是你；你只要珍惜真正重要的事物，好好活著就好。

無論激流多麼湍急，都無法沖走映在水面的月亮。在禪的世界中，月亮代表「真理」。而真理又是什麼呢？

所謂真理，就是無論時代如何變化，無論世界如何改變，都永恆不變的事物。而且真理永遠存在。

如今，我們生活在一個資訊浪潮洶湧，宛如激流般的時代。電視和網路上各式各樣的資訊，就像滔滔大浪般不斷襲來，在接觸這些資訊之後，難免會產生不安「我這樣真的沒問題嗎？」

但是，無論時代和狀況如何改變，對你而言，真正重要的事物並沒有改變；對你真正重要的事物，也不需要媒體或是別人來告訴你。

每個人都必須自己發現什麼才是重要的事，而且只有你自己才能找到。

所以，我們可以抬頭挺胸地說：「我的價值由我自己決定。」

明珠在掌

寶物就在你的手中，
而且會越磨越亮，
正在等待你的發現。

「明珠」代表了「寶物」和「貴重物品」之意，也就是地藏菩薩和如意輪觀音菩薩手上拿的寶珠。

這句禪語告訴我們，寶物就是在你內心沉睡的重要資質，你原本就擁有如此尊貴的寶物。重要的寶物已經在自己的手上，所以不需要羨慕別人的寶物，不必渴望得到和別人一樣的寶物，或是虛張聲勢地宣揚自己的寶物比別人的更出色。

不過，再昂貴的原石，如果不打磨，就不會綻放光芒。相反地，即使只是路旁的石頭，只要持續打磨，就一定可以發光。

首先要知道，寶物就在自己的手上——這是一切的起點。

清寥寥，白的的

深呼吸，充分感受。
你的心靈，
隨時都是
秋高氣爽的天空。

「我為什麼會為這種小事抓狂？」

「我為什麼對陳年往事耿耿於懷，一直放不下？」

每個人都會產生這種想法。

但是，你真正的心，其實就像秋高氣爽的天空，萬里無雲，沒有絲毫的迷惘。

這句禪語所表達的，就是清淨無上、清澈的心。

雖然經常因為自我和成見，無法看到真正的內心，但其實你的內心，是如同秋日天空般晴朗的世界——希望你隨時牢記這件事。

當感到焦慮不已，或是想發脾氣時，請用力深呼吸，回想起這句禪語。

你就會發現，原本的疙瘩消除了，又重新找回了清澈的心。

因為，這才是你真正的模樣。

柔軟心

柔軟的心，能夠打造自由自在的人生；
靈活的心，能夠打造堅強而溫柔的你。

當我們感覺受到傷害，或是事情不如預期時，心就會變得僵硬死板。探究內心後，就會發現我們的心裡，存在著「應該如何如何」的成見。

為什麼會有這種想法？這是因為只從單方面看自己身處的狀況，試圖用單一的價值觀，解決發生的事。

從正上方看圓筒是圓形，但是從側面看就是長方形。接著，你會發現換角度看事物，就能看到完全不同的樣貌。

柔軟心就是帶著柔軟的態度，從各個不同的面向認識事物。

只要帶著柔軟心看問題，我們每天的生活都會變得很溫柔，世界也會溫柔以待，同時，也可以學會從全新的角度看問題。

動中靜

越是在
紛亂的狀況下，
越要保持平靜的心。
越是在
複雜的人際關係中，
越要保持平靜的心。

「啊，有時候很想一個人靜一靜。」

你是否曾經如此嘆息？和別人打交道心很累，每個人都想遠離日常生活，一個人好好喘口氣。

適時休息當然很重要，但是有一句這樣的禪語——

「動中的工夫，勝過靜中的工夫百千億倍。」

這句禪語的意思是，在安靜的地方坐禪、保持心情平靜並非難事，但能在紛亂吵鬧的狀況下保持平靜的心，才是真工夫。

禪僧修行，就是為了達到這個境界。在禪寺內吃飯、工作（打掃和下廚）、入浴、洗臉都是修行。

當心情起伏，無法保持平靜時，就先把心放在一邊，活動一下身體。

打掃、整理、下廚、運動，無論做什麼都可以，試著專心做自己手上的事，就能感覺到原本起伏的心漸漸平靜下來。

這就是感受到「動中靜」的工夫。

無常迅速

人生在世，
時間有限，
不能浪費一分一秒。

在禪寺內，會用木槌敲擊木板，發出規律的節奏，讓修行僧瞭解一天的開始。寫在那塊木板上的話，就是這則禪語。

時間分分秒秒地過去，不能浪費一分一秒。修行僧每次敲擊木板、每次聽到敲擊木板的聲音，都會把這句話烙印在心上。

「啊啊，我浪費了時間！」無論再怎麼懊惱，也無法找回失去的時間，而且每個人的時間都有限。

在有限的時間內，到底能做什麼呢？

捫心自問這個問題，就會發現拘泥過去、在意他人就是浪費時間，是多麼愚蠢的行為啊！

喝

有些事，無法用言語解決。
有些事，無法用道理說清楚。
有些事，無法用感情解釋。
這種時候，能在瞬間轉念的「暗號」，
可以拯救自己。

「臨濟」就是臨濟義玄禪師，「德山」是德山宣鑑禪師，這兩位都是唐代的禪僧。臨濟的義玄禪師用一聲「喝！」，德山的宣鑑禪師用棒打的方式，嚴格指導弟子。

禪認為，人世間的真理無法用言語傳達清楚，所以只能專心修行。

但是，凡人總是忍不住用頭腦思考，想用道理說分明。所以，禪師用大「喝」

和棍棒，教導弟子「放下猶豫」。

也有的禪師用豎起一根手指，或是甩一下佛具的拂子，來提醒弟子。

當腦袋裡有很多想法打轉時，聽到巨大的聲響，就會猛然回神，走出思考的漩渦。

如果發現自己的思考在原地打轉，不妨對自己大喝一聲。可以實際發出「喝！」的聲音，也可以「啪！」地拍一下雙手，只要有轉念的「暗號」，就可以自己改變思考的方向。

第二章

莫比較

每個人都能夠「平等」，自由自在地生活

日常生活中所說的很多話，其實都來自「禪語」；「平等」，就是其中之一。目前我們所說的「平等」，代表的是「彼此擁有相同的條件和立場」。但是，「平等」原本是指每個人都充分發揮自己的才華、潛能和個性。「平等」沒有任何判斷，也沒有任何比較。因為每個人都是「平等」的，所以人人可以有不同的思考方式和生活方式，不需要在意任何事，只要隨心所欲地活出自我。

但是，我們總是忍不住和他人比較。

在比較之後，判斷自己比別人「好或壞」、「有成就或沒成就」、「高人一等或矮人一截」，為此感到高興、生氣或是沮喪。

如果同期進公司的同事比自己更早升遷，就會覺得自己「輸了」而感到失望；或是在時下流行的社群媒體上，看到朋友快樂出遊的照片、認識的人很活躍的動態，就有一種不如人的失落感。你是否也曾有類似的經驗呢？

我們為什麼會和別人比較？

這是因為我們用了「二分法」來看待所有的事物。

二分法，就是用善惡、好惡、左右、美醜……等兩個對立的概念思考事物。

只要不放棄二分法，我們的內心就無法平靜，永遠都會在意「鄰居家的草皮」，然後整天唉聲嘆氣。

鄰居家的草皮隨時都翠綠，而且永遠都會是翠綠的。

禪教導我們要擺脫這樣的二分法，自由自在地過生活。

面對任何事，都不要用好壞判斷，一切交給命運的安排。只要專心眼前的事，不卑不亢，只是專心一致地付諸行動——這就是禪教導的生活方式。

每個人都能夠「平等」地用這種方式生活。

兩忘

除了黑和白，
還有選擇灰色這條路。

我們經常陷入迷惘，經常舉棋不定。到底該向左走，還是向右走？該選A，還是選擇B？這種迷惘會變成雜音，導致我們陷入痛苦。即使在做出選擇之後，內心的迷惘仍然沒有消失，經常後悔「早知道應該選擇另一方」。

與其這樣，不如乾脆把這兩個選項都拋在腦後。

佛教中有「中道」的概念，所謂「中道」，就是既不選左，也不選右，而是走不偏於任何一方的中正之道。中道有助於為內心帶來安寧，也可以引領我們走向開悟的境界。

可能有人認為，「若有辦法選擇中道，就不會這麼煩惱了」。但是，除了左和右以外，還有「第三條路」。只要知道這件事就足夠了。從這個角度看問題，就可以成為一種契機，走出迷惘的惡性循環。

回光反照

把光照在
自己身上，
就能看清
前進的道路。

「那個人渾身散發出魅力，人見人愛，實在太讓人羨慕了。」

「我無法原諒她的言行。」

你必須瞭解一件事，當有這種想法時，你的焦點不是在自己身上，而是在「別人」身上。

人生路上，自己才是最重要的人，但是焦點在別人身上時，當然就會忽略重要的自己。於是，就會隨時和他人比較，感到羨慕，感到生氣，或是感到嫉妒，不時嘆息「那個人如何如何」，或是感到憤怒。

不要再站在舞台的角落，用自己的光去照亮別人的舞台。

請改變聚光燈的方向，把燈光打在自己身上。

回顧自己的日常生活，充分審視自己的內心，你一定會發現「其實我很想這麼做」的真心想法，然後聽從心靈的聲音，把內心的真實想法付諸行動。

只有自己能夠改變自己。

改變，首先要從充分瞭解自己開始。

莫妄想

妄想該結束了。
無論「好」或是「壞」，都是自己行為的結果。

禪所說的「妄想」，和我們日常生活中所說的「妄想」不一樣，是指拘泥於善和惡、美和醜、生和死等兩種對立概念的二分法思考方式。

比方說，我們經常認為鮮花盛開時很美麗，但是，鮮花一旦凋零、枯萎就很醜。我們很難擺脫這種想法——問題是，真的是這樣嗎？

如果從不帶有任何成見的角度觀察，就知道我們只是看到了鮮花自然變化過程中不同階段的樣子，就只是如此簡單而已。

「莫妄想」就是「停止妄想」，無論是這種對立的思考方式本身，或是無法擺脫這種思考方式，都只是成見。只有擺脫成見，才能夠看見事物的本質。

他不是吾

只有你，才能成為你；
只有你，才能讓你成長。

道元禪師前往中國時，看到一名年邁的典座*在烈日下曬香菇。禪師問駝背的典座：「為什麼不讓年輕僧侶做這件事呢？」典座回答了「他不是吾」這句禪語。他不是吾。所以，如果不是自己做，就沒有意義，也就是說，如果不是自己做，就不算是修行。

「那麼，你為什麼不晚一點再曬？」道元禪師又問，典座回答說：「現在不做，更待何時？」從這句話中，可以感受到老典座毅然的生活態度。

任何人都無法成為你，你也無法成為別人。

所以，自己該做的事，無法在過去完成，也不能留到未來去做，必須在「此

時此刻」默默地完成。這是唯一的方法。
只要專心投入該做的事，就沒有閒工夫和他人比較，進而陷入沮喪，也沒有時間驕傲自滿。驀然回首時，就會發現自己前進了一步又一步。

＊典座：在禪門中掌管廚事的僧侶，由地位高的僧侶擔任。

小魚吞大魚

只要讓個人特色綻放光芒，
就能天下無敵。

你是否認為強大的人必定能打敗弱小的人？但是，當調整好心態，全力以赴，充分發揮個人特色時，有時候小兵也能夠打倒強者。

「和他的資歷相比，我的經歷根本不值一提」、「真希望我也有他那樣的才華」……如果整天抱著這種自卑心態，就永遠無法成為打敗強者的小兵。

即使沒有自信也沒關係，但是沒必要模仿別人。

如果能在日常工作中，發揮自己的創意；在日常行為中，融入一點小體貼——這些行為就是「把事物染上自己的色彩」。在意識到「自己的色彩」之後，你的存在將會綻放出光芒，有朝一日，將成為你獨一無二的個人特色。

諸行無常

世間的一切都在變遷，沒有任何不變的事物。
正因為如此，必須珍惜當下。

物換星移，世事隨時都在變化。森羅萬象，沒有任何不變的事物。

即使緬懷過去，感嘆「那段時間，真的是美好的時光」、「以前我很年輕，體力也很充沛」，也無法再回到過去。

如果能接受這個事實，我們就可以活得輕鬆愉快。

人往往希望好事、開心的事能夠一直持續下去，一旦發生壞事或是痛苦的事，就希望能夠趕快翻過那一頁，這或許是無可避免的人之常情。

但是，人生就是既有好事，也會有壞事發生，而且這種情況會永遠持續下去。再開心的事，也有結束的時候；無論遭遇多麼痛苦的事，都會漸漸走向結束。

接受這個事實後，就會發現即將逝去的「此時此刻」無論是好是壞，都是無法重來的寶貴時刻。

柳綠花紅

以真面目示人的大自然，
向我們展示了綻放各自生命的光芒。

柳樹冒出鮮綠的嫩芽，紅色的花朵競相綻放。

這是理所當然的大自然景象，卻代表了無論如何都不會改變的真理。

大自然沒有絲毫心機，花草樹木只是專心綻放各自生命的光芒，也不需要和他人比較、競爭。只有我們人類會整天煩惱「這樣不好，那樣也不對勁」。

不妨觀察一下周遭，就能看到真理「充分呈現」的樣子。

我們也要像努力盛開的鮮花，和拚命開枝散葉的樹木一樣，只要努力綻放各自生命的光芒就好。

主人公

你內心
真正的「你」，
趕快清醒吧！

「主人公」這三個字來自於禪。

原本代表自己內心真正的自己，「原來的自己」的意思。當然，「原來的自己」就是指和諸佛相同的佛性。

在你心目中，一定有認為「這就是我」的樣子。

但是，「主人公」和你認為的「自己」不一樣。「主人公」擺脫了迷惘和束縛，充滿了無限可能。成為人生的「主人公」，就是在人生過程中，讓佛性綻放光芒，也就是充分發揮與生俱來的可能性。

為什麼我們無法做到？因為我們總是忍不住和他人比較，整天只想著過去和未來。

某位高僧曾經和大家分享，他會經常叫自己：「主人公。」然後自己回答：「有。」接著問：「你清醒了嗎？」接著回答：「是。」

人生舞台的簾幕已經拉起，真正的「主人公」——你清醒了嗎？

冷暖自知

唯有親身體驗，
才能瞭解真相。

把手伸進清流，有人會覺得「哇，水好冰！」，也有人感覺「啊～好舒服哦」。
即使面對相同的事實，每個人的認知也會千差萬別。當事人所處的狀態不同，
就會產生完全不同的感受。

任何人都無法代替你感受水有多冰冷，這是理所當然的道理。
相反地，你也無法代替任何人。
所以，別人的感受如何無關緊要，你的親身體驗，才是唯一的真相。

悉有佛性

世間萬物眾生
都和諸佛一樣，
具有尊貴的心。

釋迦牟尼佛曾說「世間萬物眾生，悉有佛性」，而且「願眾生幸福、安寧」。「悉有」就是指「世間萬物中都具備」的意思。無論高山、河流、花草樹木、昆蟲鳥兒，當然還有人類，生命的重要性都完全平等。

昆蟲的生命也和人類的生命同樣寶貴，所以佛教教導我們，要對所有的生命都有慈悲心。

我們很容易用成見和好惡進行判斷，感情用事，也經常和他人競爭、鬧不和，只為了比「輸贏」。

但是，所有人都是在相同的時代，生活在同一個地球上的生命。

如果不相互幫助、相互支持，未免太可惜了。

要帶著慈悲心面對眼前的生命，向這些生命投以溫暖的眼神。

你付出的慈悲，有朝一日，會回饋到自己身上。

第三章

莫競爭

尋求無論對自己還是別人，都可以過得更好的生活方式

之前曾經流行「人生勝利組」、「人生失敗組」的說法，但是，佛教中並沒有打敗對方的想法，只有「讓自己變得更好」的思考方式。

「諸法無我」是佛法的核心思想之一，這四個字的意思是，宇宙間的萬事萬物都無法獨立，而是彼此息息相關。

我們無法一個人活在世上，即使今天一整天沒有和別人見面、沒有和別人說話，但每個人的生活和人生，都和無數人產生交集，我們才有辦法過日子。

一個人出生、活在世上，在人生過程中，不知道要和多少人結緣。我們會和很多人產生交集，所以佛教中沒有「獨贏」的概念，而是要尋求無論自己和對方，

都可以變得更好的方式。

也許有人會認為：「這根本只是理想論，這個世界上不是存在著輸贏嗎？」

在事情發生的當下，的確可能會有「輸了」、「贏了」的感覺，但是，那只是片刻的感受。人生在世，無論多麼榮華富貴，無論飽嘗了多少辛酸，每個人都同樣會老去，最後都會離開這個世界。

正因為如此，當然希望不要對他人產生焦慮的心情，或是有競爭意識，而是和睦相處，開心過日子。你不會有這種想法嗎？

競爭當然很重要，但是，競爭的對象是自己。

高中棒球之所以能夠感動人心，就是因為觀眾看到少棒選手全心一致地追著球跑。他們並不是基於「一定要打敗對方！」的競爭心在場上拚搏，而是希望自己在球場上有最出色的表現——這樣的身影才能感動人心。

一旦擺脫輸贏，我們將得到無上的自由，成為最出色的自己。

隨所快活

無論身在任何時候，身處任何場合，

都要保持心情愉快。

無論身處任何場合，都要不卑不亢，保持自己原來的樣子。

無論和任何身分的人在一起，都要保持自我，淡淡地、態度開朗地面對。

這就是禪教導的生活方式。

但是，如果認定「別人會攻擊我」、「如果不打敗別人，自己就無法生存」，就會隨時保持警戒，武裝自己；於是，別人和你相處時，也只能保持戰鬥模式。

你是你，別人是別人。不妨拋開優劣和勝負的比較，只要自己開心就好。於是，無論在任何時候，你都可以保持心情愉快。

不思善，不思惡

擺脫「好」和「壞」的觀念，追求自由輕鬆的生活方式。

數學和物理都只有一個正確答案，但是人生的正確答案並非唯一，可以有無數正確答案。

即使認為「這就是正確答案」，在不同的時代、不同的場合，人的價值觀和感受也會完全不同。當一個人的處境和環境不同時，「正確」的生活方式也會不一樣。

不妨觀察一下周圍，很多在數十年前難以想像的事，如今都變得理所當然，而且不勝枚舉。

比方說，戰前女人結婚之後走入家庭，成為家庭主婦是「常識」；但是，現在有很多女性在結婚後仍然繼續工作，因此大聲疾呼托兒所不足的問題。

一旦產生「自己的答案才是正確答案」這樣的想法，就會不自覺地評斷、審查別人，這也成為對他人感到不耐煩或是心生不滿的原因，進而導致自己痛苦。

會隨著時代、情境改變的「正確答案」只是虛像，不受這種「正確答案」影響，才是唯一正確的生活方式。

青山白雲

保持貫徹始終的態度
和柔軟的心，
人生才能更輕鬆。

巍巍青山屹立不搖，天上的白雲自在變化，兩者並沒有產生對立，而是盡各自的本分，成為相互襯托的存在。青山與白雲之間，沒有任何競爭、任何執著，也沒有利害得失。

大自然讓我們受益匪淺，我們從自然的樣貌中瞭解到競爭、對立的愚蠢，

以及疑神疑鬼、相互試探的空虛。

我們都活在人際關係之中，所以無可避免地會遇到理智線斷掉，忍不住想揮拳怒吼「你在說什麼鬼話！」的情況。

在和他人打交道時，要時而擁有像青山般不變的心，時而發揮像白雲般的柔軟心，這就是充滿智慧的人生。帶著「別人的事和我無關」的想法，雲淡風輕地走自己的路吧！

一心不生

把遇到的所有事
都視為「好事」。

當期待的事發生時，我們會興奮地歡呼：「太棒了！」遭遇不符合預期的事時，就會感到失望，甚至生氣。

這件事很好，但那件事很討厭——我們在日常生活中，會無意識地將遇到的事分類，於是每天都會對發生的事一喜一憂，對眼前的狀況驚慌失措……這樣的生活方式是否很累人呢？

用白話文翻譯「一心不生」這句禪語，就是「不產生任何念頭」。

也就是說，接受所有遇到的事，不對這些事做任何的判斷，也不分喜歡或是討厭。

並非只是接受而已，無論遇到的事再怎麼不如意，無論多麼生氣，都要視為是「好事」，全力接受。

這是需要決心，才能夠貫徹的生活方式。

但是，一切都是緣分，是諸佛帶給我們的——這麼一想，就只能下定決心接招。

這種一心一意的生活方式，能夠衝破擋在眼前的高牆，開拓新的道路。

慈眼

傾聽對方的心聲。
這種心意能夠拯救對方，也可以拯救你自己。

「慈眼」就是指觀音菩薩守護我們的眼神，是觀音菩薩對我們的痛苦感同身受，努力想拯救我們的慈愛光芒。

「我不可能用溫柔的眼神看那個人」——越是面對這樣的人，越要露出慈愛的眼神。

不知道對方如何看眼前的狀況呢？

不知道對方內心在說什麼呢？

不妨思考一下這些問題。

於是，你的眼神就會自然而然地溫柔起來。

這種溫柔的光能夠拯救對方。

不僅如此，還可以拯救你自己。

喜色動乾坤

喜悅可以
改變他人，
進而改變天地。

只有喜悅、感動和快樂時，人心才會受到感動。

不妨回想一下童話〈北風和太陽〉的故事。

只有當太陽溫暖了冰冷的身體，身心都放鬆後，旅人才終於脫下斗篷。當寒冷的北風吹起時，旅人的身體縮成一團，用斗篷緊緊裹住自己的身體。

喜悅具有振奮人心，讓人變得積極的力量，也具有在背後推一把，讓人前進的動力。有朝一日，這種力量可以改變「乾坤」（天地）。

改變天地，就是改變國家。很久以前，日本的許多武將都熱愛禪，因為禪可以讓他們心無罣礙，無私地做出最好的決定。

無私帶來的喜悅可以感動他人，改變事物。

如果只想著「我絕對要贏過他」、「我非改變他不可」，就像是北風用力吹，只會讓自己活得很累。

不如放棄無謂的算計，充分享受眼前的事吧！這是改變事物最迅速的捷徑。

挨拶

帶著真心，帶著智慧打招呼。

「挨拶」這兩個字在日文中代表打招呼的意思，其實這兩個字是禪林*用語，是指禪僧相遇時，透過問答的方式，瞭解對方於悟道知見的深淺。「挨」和「拶」都是「逼迫」的意思，而「挨拶」則是瞭解對方能耐的較量。

在現代生活中，不是也可以從簡單的打招呼中，瞭解很多事嗎？可以瞭解到對方是否積極，是否對自己有好感，以及對方的個性、精神狀態好不好……等。日本人很擅長「察言觀色」，光憑一句「你好」，就可以瞭解很多對方的情況。

所以，要妥善運用打招呼這個動作。要面帶笑容，語氣開朗、大聲地主動向別人打招呼。尤其遇到不喜歡的人，更要這麼做。當對方感到驚訝，就成為改變彼此關係的契機，你自己的心情也會不一樣——當然是往好的方向發展。在你打招呼的瞬間，就可以展現你的實力。

＊佛教寺院的別稱。

受身捨身

試著捨棄自身，於是，就會看到新的道路。

因為數十代、數百代的祖先努力活下來，我們才能有幸來到這個世界。

因為有包括父母在內的許多人的支持，我們才能平安地長大、生活。

上天賦予我們生命，而所有的生命相互產生交集，共同生活在這個地球上，這件事簡直堪稱奇蹟。

禪語教導我們，要捨棄自己的生命。為什麼要捨棄自己的生命呢？捨棄的目的，就是為了奉獻給這個世界，奉獻給他人。

這稱為「菩薩行」。菩薩行就是以利他為方法，以成佛為目的，對他人布施。

說到布施，或許會想到施捨或公益慈善活動，但布施的本質，是設身處地為對方著想；也就是捨棄自身，站在對方的立場思考。

於是，就會瞭解該為對方做什麼。

進而看到成就自己的路。

惡言

不要再忍耐。
用「帶著愛的惡言」，讓雙方都向前邁進一步。

「不能對他人口出惡言。」在長大的過程中，大人一直這樣教導我們。但是我認為，在某些情況下，口出惡言未必不好。與其鬱悶在心，還不如直接說出口，更有助於身心健康。

但是，不能用惡言傷害他人，也不能貶低他人，只能說那些讓對方恍然大悟、有助於對方成長的「惡言」。

釋迦牟尼在傳達真理時，面對不同的人，會用不同的方式表達。我們或許無法達到釋迦牟尼的境界，但是在關鍵時刻，不妨試著用「帶著愛的惡言」，說出你的真心話吧！

滴水成凍

不要忽略生活中微小的不對勁，
每天的生活才能舒服自在。

寒冬的日子，水滴很快就會結冰。

這句禪語告訴我們，如同一滴水很快就會結冰，我們必須分秒必爭精進自己，調整自己的心。這種嚴格修行的態度，令人肅然起敬。

其實這句話十分有道理。

結冰的水滴很快就會溶化，但是，一旦水桶中的水結了冰，就需要很長時間才會溶化。在日常生活中，即使感受到微小的不對勁，如果不及時解決，一再拖延，最終就要耗費更多時間和心力，才能解決問題。

一旦生氣，或是產生了不信任的感覺，就要馬上處理。

對別人的言行感到生氣，或覺得不對勁時，必須當場說出來。相反地，如果覺得造成了對方的不愉快，也要馬上道歉。

只要把握機會，就不會受到情緒的影響，輕鬆地表達意見。

一旦發現不協調，不要視而不見，而是要當場解決問題——這就是減少內耗的祕訣。

第四章

莫焦慮

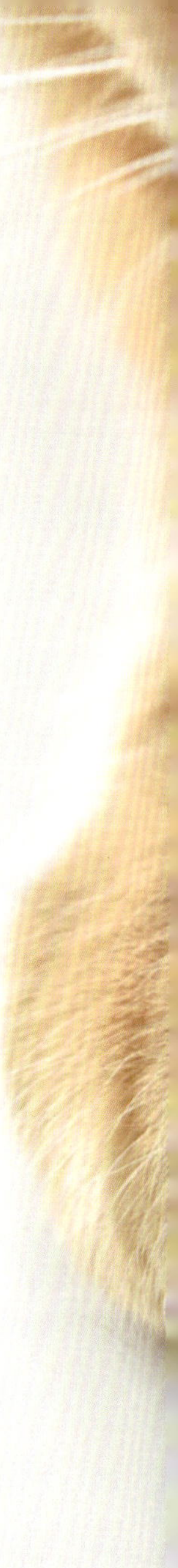

自在生活，等待時機

禪的修行禪也稱為「雲水」，是禪語「行雲流水」的簡稱。

在古代，修行僧就像流動的雲和水一樣，跋山涉水、四處探訪，拜師修行，所以才會誕生「行雲流水」這四個字。

「四處探訪，拜師修行」並不是帶著「我無論如何都要找到師父！」的雄心壯志出門。

他們在旅行過程中，有時候隨波逐流，接受命運的安排，那是在山河之間漂泊的流浪之旅。這不正是像行雲流水般的生活方式嗎？

比方說，水的形態會隨著環境千變萬化，變成熱水、蒸氣、冰、霜、雨和雪。

當條件改變時，冰可以變成水，水可以變成熱水和蒸氣。水不會和環境對抗，而是根據不同的環境進行變化。

雲也會隨著風，飄到任何地方，自在地變化形狀；靈活因應所有的狀況，卻絕對不會失去雲的樣子。

雲水僧也一樣，自由自在地四處旅行，等待遇見師父的時機。他們內心帶著「有志者，必能遇見師父」的絕對信任感。

生活在忙碌的現代，可能經常產生「希望趕快得到滿意的結果」、「我必須馬上找到人生目標，做出成果」的想法，但其實我們只要如行雲流水般，按照自己的步調生活即可。

不必著急。只要不迷失自我，擺脫焦慮，妥善消除內心的不滿和鬱悶就好。按照這種方式走在人生路上，一定會迎來最佳時機。走岔路或是繞遠路時，會有意想不到的發現，也可能展開新的命運。

在此之前，腳踏實地做好自己該做的事，這才是重要的事。

只管打坐

只要專心做好一件事，
日積月累，就可能創造奇蹟。

坐禪是曹洞宗最重要的修行。

「只管打坐」，就是只要持續坐在那裡，甚至拋開「想要開悟」、「希望獲得成長」的願望，一無所求，只要專心坐在那裡。進一步而言，就是徹底融入坐禪。這就是曹洞宗的坐禪。

專心做一件事並不容易，內心感到焦慮時，更是難上加難。

正因為不是一件容易的事，所以更要專心做好眼前的事，把其他的事完全拋在腦後，老老實實逐一完成眼前的事，就會意外發現工作效率超乎想像。

壺中日月長

有時候，一整天都不出門，完全投入自己喜歡的事，就會發現豐富的世界。

中國有一個古老的民間傳說。

有一個老人，每天傍晚，都會跳進空壺睡覺。有人受老人之邀，進入壺中遊玩，發現壺中有一個悠然美妙的神仙世界。他在壺中盡情遊玩了一天，覺得「差不多該回家了」，當他走出空壺時，才發現外面的世界已經過了三年。

雖然這個民間傳說很神奇，但是這個故事似乎在告訴忙碌的現代人，「不妨放慢生活的腳步，學習慢活」。

最近，你是否曾經把時間拋在腦後，充分休息？

即使身體休息了，腦袋是否還是無法放空，仍然想著「那時候真是太生氣

了」、「我無法原諒那個傢伙」，然後生悶氣？

如果你曾經有過這樣的經驗，不妨安排一整天都不出門，在家裡完全投入自己喜歡的事，進入自己的「空壺」。

你就會發現一個可以擺脫日常的煩憂，讓心靈自在遨遊的豐富世界。

獨坐大雄峰

一個人自己坐著，
面對大自然。
這就是一件
值得感恩的事。

怒氣攻心時，呼吸會變得又淺又急促。這種狀態下，表現會失常，會因為注意力渙散，容易犯錯，或是在衝動之下做一些不必要的事。這種時候，就需要慢慢深呼吸，讓心情平靜下來，思緒更加集中。

走進大自然，是促進深呼吸的最佳方法。面對雄偉的群山，靜靜地坐在那裡，充分享受這一刻。

如果沒有時間走進大自然，可以找一個自己能安心的空間，用丹田（肚臍下方七．五公分附近）緩慢呼吸。

在「大雄峰」的片刻時光，可以讓你找回內心的平靜。

且緩緩

即使追不上別人的
速度也沒關係，
一步一腳印的人，
能收穫豐碩的果實。

釋迦牟尼的弟子中，有一對狀況完全相反的兄弟。

哥哥很聰明，弟弟則學什麼都很慢。周圍的人都說：「以你的能力，不可能成為僧侶。」弟弟很煩惱，覺得自己只能放棄修行，但是釋迦牟尼對弟弟說：

「不需要和別人做相同的事。

只要持續專心做自己力所能及的事就好。」

於是，弟弟決定開始為其他僧侶擦鞋。他日復一日專心為別人擦鞋，最後，他比其他人更早開悟。

「是不是必須加快速度？」

「是不是我做出了錯誤的選擇，才會遲遲沒有開花結果？」

越是做事認真、想迅速成長的人，越容易產生這樣的焦慮。

與其煩惱得不知所措，不如持續專心做一件事，即使慢一點也無妨。

在這個過程中，就會有重大的發現。

放手滿滿

放下不必要的東西，心靈有更多的空間，內心才能充滿真正重要的事。

越是認為重要的事物，越容易產生執著；越認為「我必須這麼做」，就越容易造成痛苦。

所以，道元禪師用這句禪語教導我們，不妨放開目前緊緊抓在手上的想法，新的事物就會出現。

也許是因為你內心有「我必須把事情做好」的想法，所以才會給自己壓力。如果這種想法造成了自己的痛苦，不妨下定決心放下。

接著，整個人就會放鬆下來，開始覺得「其實這樣也很好」，之後，才能發現真正重要的事。

看腳下

只要調整
行為舉止，
心情自然
就會平靜。

「看腳下」這句禪語的意思，就是「好好看自己的腳下」的意思，亦有衍生為「把鞋子放好」之意。在禪寺的玄關，經常可以看到這句話。

如果鞋子亂放也毫不在意，內心顯然並非處於平靜的狀態。在玄關脫下鞋子後，立刻把鞋子放好，這種心情上的餘裕，將有助於調整生活中的所有步調。而且，放好鞋子這個短暫的舉動，也會為心靈帶來餘裕。

可能有人會反駁「才沒空理會這種小事」，但是，連自己的腳下都無法整理乾淨的人，當然不可能調整自己的心態，讓心情保持平靜。

佛教認為，清淨身業（身體）、口業（說話）和意業（內心）這三業，才能邁向開悟之路。只要調整身體和說話，內心煩惱自然就能漸漸平靜下來，心情也會變得暢快。

用心把自己的鞋子放好，這種「舉手之勞」有助於調整自己的人生。

大地黃金

目前所在的地方，有朝一日將變成黃金，綻放光芒。

世界上到底有多少人，對目前的職位和人際關係百分之百感到滿足？我要把這句禪語，送給那些對生活感到窒息，覺得「這裡沒有我的容身之處」的人。

只要在自己的崗位上努力過日子，有朝一日，那裡必定會變成黃金，綻放光芒。無論目前的狀況多麼不如意，無論你感到多麼不稱心，都是因為緣分，你才會在此處。如果沒有緣分，命運也不會把你帶來這裡。

麥子被踩之後，會變得更強壯，長出金色的麥穗；只是這個過程需要時間，必須用水灌溉，細心呵護，耐心地栽培。

只有你能讓你腳下的大地綻放光芒，在自己的崗位上目不斜視、努力前進的人，一定會被周圍人看到。

白雲自去來

默默做好自己的分內之事，
機會一定會出現在面前。
人人都有這樣的機會。

夏天的烈日下，農夫揮汗如雨地在農田工作，不經意地抬頭看向遠方時，看到一大片雲在地下形成了一大片陰影。

「啊啊，那裡看起來很涼快，希望那片雲趕快飄過來。」農夫繼續低頭種田，心裡這麼想著，但是雲遲遲不飄過來。

然而，當他繼續專心工作時，突然感到一陣涼意；抬頭一看，才發現在他埋頭種田之際，雲已經飄到了自己的頭頂上方。

任何事都有時機。只有持續做好自己分內的事、好好培養實力的人，才能在最佳時機抓住運氣。相反地，如果為了抓住機會手忙腳亂，整天羨慕別人，即使良好的機會出現在眼前，也會因為沒有做好充分的準備，而無法妥善把握。

內心充滿怒氣和糾結的人，尤其容易錯失眼前的機會。而即使目前周遭的狀況不如意，也只是時機尚未成熟而已。

現在的自己只是在充電做準備，等待機會出現。用這種態度面對目前的生活，是否覺得分分秒秒都十分寶貴呢？

無事是貴人

你就是你，是無可取代的存在。

「貴人」就是開悟的人，內心感到「平穩無事」的人。那麼，禪所說的「無事」是什麼呢？並不是沒有麻煩、沒有災難的意思，而是「不會受到任何事影響的心」和「平靜的心」。

換句話說，就是發現自己只要保持原來的樣子，就是「佛」這件事。

你是否認為，必須有極高難度的修行，才能夠獲得佛性？其實不需要特別的修行，每個人都是具有佛性的「佛」，知道這件事的人就是「貴人」。所以，不必為至今仍然沒有任何成果而著急。

今天也要感謝自己擁有無可取代的生命、活在世上，好好感受「無事」的一天。

誰家無明月清風

月光會溫柔地照在每一個人的身上，
毫無遺漏。
風也會吹拂在每一個人身上。
幸福的海浪，必定會打向每一個人。

大自然是很可貴的，月光會溫柔地照在每一個人身上，和煦的風會為每個人帶來涼意。

無論是爭吵不斷的家庭還是幸福美滿的家庭，無論是富人的家庭還是窮人的家庭，都一樣。

請不要再把不如意的現實，歸咎於身處的狀況和成長的環境。

如同大自然對待每個人都毫無差別，幸運和機會也會降臨在每個人身上。

只要種下努力這個「因」（原因），當機會這個「緣分」出現時，就可以結下「因緣」，展現成果。無論曾經遭遇多大的不幸，幸運一定會出現。

但是，如果整天怨恨別人，將焦點放在埋怨和不滿上，幸運來到面前時，也會無法發現——這才是問題所在。

努力讓自己有從容的心，可以抬頭仰望照亮自己的月亮，感受清風帶來的舒爽。當幸福拍拍你的肩膀時，你就會馬上發現。

第五章

莫受影響

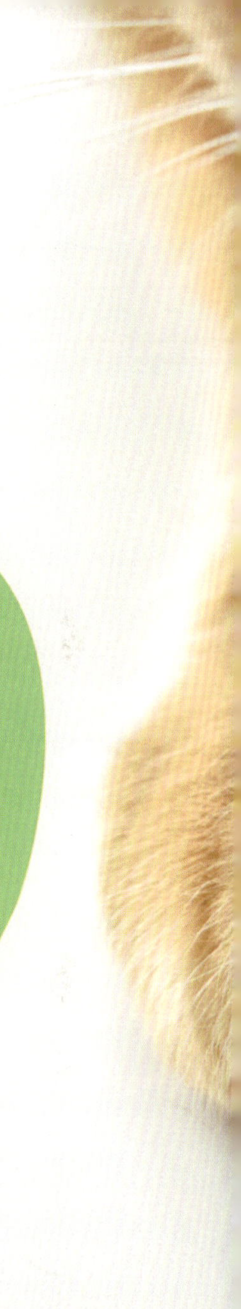

改變內心的習慣，就不會再受影響

當發生不如意的事，或是發生不測的變化時，人往往會出現兩種不同的反應。

第一種人，就是在現實面前驚慌失措；另一種類型的人，無論發生任何事，都能夠貫徹自我，採取行動。

你屬於哪一種類型的人？

雖然想帶著信念過日子，卻很容易被別人的行為和意見影響，每次發生狀況，自己的想法和態度就會改變……這是內心的一種習慣，也是思考模式。

拉開距離，客觀看待自己的心很重要，這樣才能擺脫這種思考模式。

在此介紹一則逸事，這是禪宗的始祖達摩大師和弟子慧可的故事。

慧可剛成為弟子不久時，曾拜託大師：「我的內心無法平靜，請讓我心情平靜下來。」

大師回答說：「好，那你把不安的心拿出來給我看。」慧可回答說：「我努力找了，但是找不到。」

於是大師就說：

「看吧，我是不是讓你的心平靜下來了？」

慧可陷入煩惱，無法從客觀的角度看自己，而達摩大師巧妙地指出了這一點。

釋迦牟尼說：「凡事都因心為本，以心為主，由心而生。」

心態一旦改變，對事物也會有不同的看法。

一切都取決於自己。瞭解這件事後，就不會被他人的言行擾亂心情，或是感到生氣。

因此，必須培養拉開距離，觀察自己的感情和思考的能力，才能正確認識自己所處的狀況。

露

不用逞強，也不必自卑，活出真實的自己。

如果在意周圍人的眼光而修飾自己的外表，或是為了迎合其他人而改變自己的意見，就會活得很累。即使如此，仍然無法不這麼做……

很多人都有這種煩惱。通常是因為在內心深處，存在著「希望大家覺得我是好人」、「不想被人討厭」的意識，所以會迎合他人。

「露」就是指呈現真實的狀態。這句禪語教導我們，無論面對任何事，都要敞開心房，保持自己原來的樣子。

無論怎麼偽裝，即使逞強，你還是你，無法真的變得能幹，也不會比真實的你更無能，因此，不妨活出真實的自己。一旦脫下沉重的盔甲，每天的生活都將變得輕鬆愉快。

般若

真理，
就在你的身體之內。

「禪的教義似乎很難。」

有時候會聽到這樣的意見，但這是徹底的誤解。

禪就是在日常生活中發現內心的平靜，從身邊的事物中發現真理。

這種智慧稱為「般若」。

真理並不是存在於複雜的理論之中，在佛教中，也將真理稱為「佛」。其實，我們的身體本身就是「佛」。

比方說，我們無法靠自主的力量，讓心臟、肺、胃和腸動起來，或是讓它們停止。在我們睡覺的時候，這些內臟仍不眠不休地持續工作。讓心臟和肺持續工作的動力，就是源自「佛」的力量。

這是無論世界怎麼變化，都不會改變的真理，也可以稱為大宇宙的力量。

這種力量就在我們的身體內，每個人都必須瞭解這件事。

這種發現，就是最寶貴的「般若」。

開門福壽多

只要敞開心房，好事就會上門。

敞開的門還是緊閉的門，更容易讓人踏進門？毫無疑問，當然是敞開的門。和他人之間的緣分、運氣也一樣。如果對以前不愉快的回憶耿耿於懷，很容易關閉自己的心房，也會一直活在對他人的焦慮和憎恨中。在這種情況下，即使美好的緣分出現，也會過門而不入。

首先，請主動敞開心房。

不必害怕，只要遇到好事，張開雙手，牢牢抓住就好。如果覺得不想要，不予理會就好。你不覺得很簡單嗎？

前後際斷

過去已經消失，未來尚未來臨，只有當下這個瞬間才是真切的。

我們都認為，時間是從過去一直向未來延續。

但是，道元禪師教導我們，「時間並非連續，只存在『當下這個瞬間』。」

禪師用「木柴」和「灰燼」為例，說明了這件事。

大家都認為木柴燃燒之後變成了灰燼，但實際並非如此。木柴只是木柴，灰燼也只是灰燼，也就是說，兩者完全不同。

同樣的，死亡並不在活著這件事的延長線上。活著是活著，死亡是死亡，必須斬前斷後，好好活在當下。

「現在」並不是在過去的延長線上。

「現在」也並非一直線延續到未來。
誰都無法預測，明天會發生什麼事。
正因為如此，不需要拘泥過去，也不必為未來煩憂。
只要全力以赴，好好活在當下這個瞬間。
這種決心，可以讓我們活出無悔的人生。

放下著

放下吧，
放下所有活在當下不必要的東西。

是什麼重重壓在你心上，讓你感到沉重的壓力？
像是「早知道當時應該這麼做」的後悔、「我無法原諒那個人」的憤怒、嫉妒、憎恨、執著……
如果你內心緊緊抱著這些東西，請你立刻放下，「拋開所有的一切」。
這就是「放下著」這句禪語的意思。
但是，煩惱的種子一旦產生，就無法輕易消失，而且會在不知不覺中長大，所以，最重要的是，不要拖拖拉拉，大喝一聲「嘿！」之後，徹底放下——鼓起勇氣放下後的爽快感，無與倫比。

歸家穩坐

回家之後，好好休息。因為你一定可以在家裡遇見真正的自己。

這個世界上，自己的家才是最能安心展現「原來樣子」的地方。回到家中靜靜地坐著，就可以找回真正的自己。這句禪語告訴我們，這件事多麼寶貴。

但是，這句話還教導我們一件更重要的事，那就是不要向外尋求開悟，而是向自己內心尋求。為了「提升自我」而出門旅行、學習才藝與專業技能並不是壞事，旅途的經驗可以讓你獲得成長，新的知識可以讓你學會從多元角度認識事物。

但是，最重要的還是日常的生活。在自己的地盤腳踏實地生活，才能夠真正提升自我。

不必在意任何人，在可以充分放鬆的家中好好面對自己。如果你發現自己內心還有怒氣和疙瘩，記得要輕輕放下。

只要家是能讓你充分放鬆的地方，你一定可以做到，進而看到成就自己的路。

且坐吃茶

來來來，坐下喝杯茶。

要不要先坐下來喝杯茶？如果你很忙，只有短短的時間也沒問題。

把該做的事放在一旁，先好好喝杯茶。於是，心情就會慢慢平靜下來。得到了滋潤，緊繃的、帶刺的心就會慢慢放鬆。

但是，喝茶的時候不能心不在焉。如果一手拿著茶杯，然後低頭看資料，或是思考接下來要做的事，那就不是喝茶，只是在補充水分罷了。

喝茶的時候就要專心喝茶。細細觀察茶的顏色，感受茶的溫度、香氣、甘甜和喉韻。當你回過神時，就會發現內心的雜音已然消失，迎來了新的寧靜。

入水見長人

成為一個當痛苦時，
能認為「目前是考驗的時刻」之人。

「長人」就是人品極佳的人，優秀的人。「入水」是指嚴峻的狀況。這句禪語的意思是，遭遇困難時，更能夠瞭解一個人的能耐。

在發生意想不到的狀況時，有時的確會驚訝地發現：「咦？原來那個人還有這一面？」

比方說，平時很文靜的人，遇到麻煩時，能夠態度毅然地處理問題；相反地，平時總是盛氣淩人、指揮一切的人，在遇到小意外時，卻表現得很懦弱……也許人在遇到不合理的狀況或意外狀況時，才會露出本性。

遇到「不可能」的事時，有人會對別人和環境感到生氣，也有人會責怪自己。

這兩種態度都有問題，因為我們的心態會決定自己遇到的事是好事還是壞事。越是緊急的狀況，越考驗我們發揮智慧、觀察事物的能力，以及不受狀況影響、保持自我的能力。這句禪語教導我們，日常的累積很重要。

知足

剛剛好就很幸福，
那就是幸福。

我沒有那個，也做不到這個。我很不成熟。我必須努力成長……你是否用這種方式訓斥自己呢？

但是，你絕對沒有「不行」，也沒有「不成熟」。事實上，你已經擁有很多，也已經足夠了。

包括健康的身體、讓你成長的緣分、安心生活的家和工作，以及想要活得更出色的心。

希望自己更好的心願未必是壞事，但是，更重要的是必須認同現在的自己，感謝目前所有的一切。

不要看自己「沒有的」，而是看自己「所擁有的」。這就是知足，這就是幸福生活的基本。

人人悉道器

只有自己，能提升為自己帶來幸福的「容器」。

道元禪師曾經詠過一首歌：

「極樂懸於眉間上，近在咫尺難察覺。」

極樂（領悟）就近在眼前，卻因為太近了，誰都沒有發現。這種情況和童話〈青鳥〉的劇情一樣。

我們總以為去遙遠的地方，才能找到真理和得到幸福的方法。

但是，禪其實是持續提升與生俱來的佛性；只要有心，每個人都可以進入禪的世界。

想要深入鑽研，就必須做一件事，那就是修行。

但是，你不需要像禪僧那樣，用嚴格的方式精進修持。

我們的身體就像「容器」，禪認為，身體這個容器就是「佛」。

除了頭腦開悟，藉由坐禪和禪寺內的工作等作務，讓身體開悟更為重要。

要好好珍惜成為開悟容器的身體，有一天，你會發現自己內心有佛性，有通往幸福的道路。

第六章

莫停歇

正因為「當下」稍縱即逝，所以要盡情享受

在時間面前，人人平等。

無論一個人是富裕還是貧窮，是努力生活還是渾渾噩噩過日子，時間都一分一秒、日復一日地過去。

不斷成為過去式的「當下」的累積，成為我們的人生，但是「當下」終究會結束。在那一刻到來之前，要如何度過生命的時間？人生在世，我們隨時都在面對這個問題。

但是，完全不需要逞強。

不必逞強地要求自己「必須找到人生的使命」，或是「要對他人有幫助，讓

人生更有意義」。

「既然來到人世間，就要讓自己的生命更有意義。」這樣的自我要求太高，就會產生義務感，結果對自己造成壓力，可能進而裹足不前。

當然，擁有「我想要這樣度過人生」的志向很重要，但不需要是崇高的目標。人生志向可以是微笑待人，也可以是保護家人，或是好好整理院子、鑽研自己喜歡的攝影技術。

在忠於自我的情況下，專心投入會感到舒服的事，以及自己喜歡的事，你就可以在人生路上走屬於自己的路，永不停歇。

不必想太多，只要隨心所欲，然後立刻付諸行動。這就是禪的生活方式。

降臨人世、活在這個世界上，這件事本身就很美好。所以放鬆心情、充分享受活著這件事，才是真正能夠擺脫負面情緒、享受人生的祕訣。

百尺竿頭更進一步

即使覺得這樣已經夠好了，
還要繼續向前一步。
帶著風險意識繼續前進，
就會欣賞到只有在那裡才能看到的風景。

「百尺」代表非常高的地方。這句禪語教導我們，來到非常高的竿頭位置之後，仍然要繼續前進。

前方當然只有天空，雖然明知道繼續前進，可能會掉下去，但還是要繼續向前。那一刻，人將超越極限，打開通往另一個世界的大門。

儘管付出了極大的努力，到達了某個高度，仍會發現山外有山。即使已經邁

入了開悟的境界，但那並不是終點。

即使已經「付出了充分的努力」，也不能停留在那個世界享受安逸，隨時保持捨身向前衝的氣魄，才能讓與生俱來的潛力充分開花結果。

本來空寂

每個人都是獨自走在人生路上，一個人默默前行。

無論再怎麼相愛，無論多麼愛對方，只要有相遇，必定有分離。

每個人都是隻身來到這個世界，獨自離開這個世界，踏上新的旅程。燦爛的人生會走到終點，獨自回歸「空」的世界，任何人都無法擺脫這樣的命運。

但是，這並不是一件難過的事。

我們獨自來到這個世界，獨自活在世上，獨自死亡。這就是人類本來的樣子，並不是什麼特別的事。

我們當然可以和別人分享喜悅和快樂、痛苦和悲傷，但是，任何人都必須自己面對人生，別人無法代替你度過你的人生，你也無法代替別人的人生。

既然如此，就下定決心，用自己的雙腳邁向自己的人生路。這就是活著。

歲歲年年人不同

只有今年是「今年的自己」。
所以，要盡情地綻放自己，
不必在意任何人，也不必向任何人炫耀。

花朵每年都在相同的時期綻放，但是，人無法年年都一樣，而是每一年都持續變化；如果不變化，就未免太可怕了。

去年的自己和今年的自己，即使乍看之下並沒有太大的改變，實際上已流逝一年的歲月。

所以，要好好活在當下，活好今天這一天，讓日積月累的變化，最終成為自己滿意的結果。

鮮花雖然每年綻放，但今年和去年綻放的，並不是同一朵花。要讓今年這朵花充分綻放，才是今年最美的模樣。

希望你也讓「今年的自己」這朵花盡情綻放。

禪向我們傳授了無論順風、逆風都處變不驚的智慧，學會無論在任何狀況下都能樂在其中。

無心歸大道

心情放輕鬆，
有朝一日，
你會發現
「原來只是如此而已」！

有一次，唐代禪僧趙州禪師的弟子問他：「悟道的路在哪裡？」
禪師指著牆外回答：「你看，就在那裡。」
下定決心邁向悟道之路的弟子聽了之後，一定感到很失望。
但是，禪師所指的路完全正確。
「我無論如何都要得悟！」這種勢在必得的雄心壯志，或是「我必須做某些特別的事」的這種好勝心，都會影響悟道。
「大道」就是悟道、開悟的意思，通往悟道境界的路上，必須保持平常心。心情放輕鬆，放下想悟道的欲望和執著。
於是，就可以具有開闊的視野，不迷失自我，活得輕鬆自在。
不妨帶著像走出圍牆外輕鬆的心情——不，這種輕鬆的心情更理想。

不退轉

把每一天當作「人生的最後一天」，
可以創造出「了無遺憾」的滿意人生。

有些人對好幾十年前的事耿耿於懷，至今仍然整天抱怨。也有人無法忘記遙遠過去的豐功偉業，整天掛在嘴上炫耀。

過去已經過去，無論再怎麼憎恨、後悔，都無法用橡皮擦抹滅過去。無論以前多麼成功，都和現在無關。

因為「當下」不夠精彩，所以才會遲遲放不下過去。首先要正視眼前的現實，一定可以從中找到你目前該做的事。

如果整天逃避，覺得「下次再做」，就無法認真活在當下。禪教導我們，「把每一天當作人生最後一天」，努力過好每一天。不屈的決心，可以創造「了無遺憾」的人生。

春花秋月夏杜鵑，冬雪寂寂溢清寒

在接受變化的同時，活出精彩。

春天百花齊放，夏天百鳥爭鳴，秋日月光皎潔，冬季空氣清澈，內心也變得清淨。

道元禪師的這首歌，充分表達了日本四季變化的美妙。

無論花和鳥，還是山和月，都盡自己的本分，活出自己生命的光彩。

不斷變化的大自然，正是這個世界的真理。

日本人在日常生活中感受、尊重自然的變化，也可以說，富於變化的大自然培育了日本人細膩的感情。

如同季節持續轉換，人生也會持續變化。

人的一生中，會有溫暖的春天，也有寒冷的冬天。

不要害怕在不同時間出現在眼前的變化。任何季節都有不同的美，我們可以在感受這種美的同時，對自身的變化樂在其中，堅持向前邁進。

這就是不為小事抓狂，放下所有執著，活出精彩人生的祕訣。

把手共行

和內心「另一個自己」攜手。

當你遇到困難時，即使是三更半夜也有求救的對象嗎？如果你有這種真心相待的朋友，無疑是莫大的幸福。

每個人都是隻身來到這個世界，活在世上，然後走向死亡，所以，能夠真心相待、攜手共度人生的朋友十分寶貴。

即使現在沒有這樣的摯友也不必擔心，因為只要你真心待人，就會有以誠相待的朋友出現在你眼前。

其實，「最佳摯友」就在你內心，那就是你內心的「佛性」。這句禪語的真正意思，就是「在人生的路上，要和內心的佛攜手同行」。

當你無法克制內心的怒氣，走進煩惱的迷宮時，請想起這位值得信賴的摯友。

自燈明，法燈明

把自己的信仰，視為一盞明燈。
人生路上，要隨時照亮自己。

釋迦牟尼離世之前，面對弟子傷心地嘆息「從今往後，該以何為依，繼續活下去？」時，他說：

「以己為依活下去。以法（釋迦牟尼的教誨）為依活下去。」

眾多佛家弟子聽從了這句遺言，在兩千五百年期間，持續傳承釋迦牟尼的教誨，在世界各地傳揚佛教。

你可以用自己照亮自己的人生，所以即使在黑暗中，不必感到害怕，也不會被其他人的意見影響，或是受到所處環境、社會狀況的影響。

你的希望，將成為照亮人生的明燈。除此以外，從過去經驗中學到的智慧、佛教之教誨，也都是明燈。

如果不及時消除日積月累的失望、後悔和憤怒，這盞明燈就會蒙塵。當發現燈光很暗，看不見前方的路時，不妨想一想，照亮自己的明燈是否沾染上了灰塵。唯有勇敢面對人生，不畏困難，克服困難，你的明燈才能持續發光。

夢

今天，好好活在人生這個「夢想」中。

「夢想」並不是模糊的憧憬，而是你未來前進的目標和方向。「我想這樣生活」的明確願景，會成為推動人生前進的動力。沒有願景的人生，就像是沒有目的地的旅行，漫無目標地四處流浪，最後可能無法到達任何地方。

為自己鋪好朝向夢想前進的軌道，做當下力所能及的事，這就是「活出夢想」。

澤庵禪師寫了一個大大的「夢」字，作為他的辭世之句。他認為這個世界只是虛幻，是轉瞬即逝的夢。正因為是隨時都可能消失的夢，所以更要讓有限的人生活得更精彩，這是降臨人世的每個人身負的使命。

結果自然成

今天，名為「你」的這朵花綻放，
時機成熟時，自然會結出果實。

只要竭盡全力，做力所能及的事，自然會有成果。

這句禪語表達的意思非常簡單。也許有人覺得「這麼簡單的事，我當然知道」，不過我們總是無法有這樣的決心。

首先，我們的努力往往無法「竭盡全力」，而且會很在意結果，一旦無法如願，就會怒不可遏，大發雷霆：「為什麼會這樣！」

但是，只要種下良好的「因」（原因），一定會有相應的結果。相反地，假設結果不如人意，必定是種下的「因」不夠充分。

這句禪語的前一句是「一華五葉開」，這兩句話的意思是，「一朵花綻放時有五片花瓣，然後自然會結出果實」。
如同鮮花會自然綻放，進而結出果實。只要在日常生活中默默累積，名為「你」的這朵花就會自然綻放。
當時機成熟時，就可以收穫人生的果實。

結語

以上介紹了六十句協助我們擺脫迷惘、怒氣，讓生活更怡然自得的禪語。

不知道其中是否有打動你的禪語？是否被貓活潑可愛的身影療癒，感到活力滿滿？

禪語是代代相傳，傳承了超過一千年的智慧結晶，不僅是禪僧的精神支柱，更是很多民眾的精神食糧。

我們生活在現代社會，禪語也可以發揮強大的作用。

因為禪語具備了能改變日常，進而改變我們人生的力量。

禪認為，日常生活中所有的一切都是修行，每一天的生活都能讓我們成長，引領我們走向悟道之路，禪語是這條路上的推動力。

不需要把「悟道」視為一件困難的事。

只要在每天的生活中，不對任何事產生執著，敞開心胸過生活。

不要左思右想、煩惱不已，只要珍惜眼前的一切，這樣生活就已經足夠。

如我在序言中所說，我認為，貓早就已經悟道了。

比方說，人類即使已經吃飽，但美食當前，或是有剩菜時，就會忍不住還是吃下肚。

因為我們會覺得「丟掉太浪費了，還是吃掉吧」、「因為看起來很好吃，還是忍不住想吃幾口」，但事後又後悔莫及，認為「吃這麼多，一定會胖」、「可能會影響健康」。

但是，貓只要吃飽了，即使再高級的飼料放在牠們面前，牠們也不屑一顧。牠們聽從自己身體的聲音，保持自然過日子。

牠們也不會像我們人類一樣，一有時間就使用手機與電腦、觀察社群網站上的消息，或是羨慕別人，產生自卑。

像貓一樣，不在意任何事，自由自在地生活，就是禪的目標。禪語，就是悟道這條路上的路標。

在不同時期，我們都需要不同的禪語。

希望你日後能根據人生的階段、煩惱或不同的心情，找到能為你帶來動力，成為你精神支柱的禪語。

衷心祈禱各位和禪語的相遇，能成為引領各位人生邁向新世界的契機。

合掌

枡野俊明

無論任何時候，都要忠於自己。
面帶笑容，帶著希望，
邁出今天的一步。

國家圖書館出版品預行編目資料

解憂貓禪語：不生氣、不焦慮、不受他人影響，像貓一樣做自己 / 枡野俊明著 ; 王蘊潔譯 .-- 初版 . -- 臺北市 : 日月文化出版股份有限公司，2024.10
168 面 ; 14.7*21 公分 . --（大好時光 ; 84）
譯自 : 怒らニャい禅語 感情をシンプルにする 60 方法
ISBN 978-626-7516-45-4（平裝）
1. 禪宗 2. 生活指導 3. 貓
226.65　113012918

大好時光 84

解憂貓禪語

不生氣、不焦慮、不受他人影響，像貓一樣做自己

怒らニャい禅語 感情をシンプルにする60方法

作　　者：枡野俊明
譯　　者：王蘊潔
主　　編：俞聖柔
校　　對：俞聖柔、魏秋綢
封面設計：Z 設計／鄭婷之
美術設計：LittleWork 編輯設計室
圖片來源：Shutterstock

發 行 人：洪祺祥
副總經理：洪偉傑
副總編輯：謝美玲
法律顧問：建大法律事務所
財務顧問：高威會計師事務所
出　　版：日月文化出版股份有限公司
製　　作：大好書屋
地　　址：台北市信義路三段 151 號 8 樓
電　　話：(02) 2708-5509　傳　　真：(02) 2708-6157
客服信箱：service@heliopolis.com.tw
網　　址：www.heliopolis.com.tw
郵撥帳號：19716071 日月文化出版股份有限公司

總 經 銷：聯合發行股份有限公司
電　　話：(02) 2917-8022　傳　　真：(02) 2915-7212
印　　刷：軒承彩色印刷製版股份有限公司
初　　版：2024 年 10 月
初版六刷：2025 年 4 月
定　　價：350 元
I S B N：978-626-7516-45-4

生命，因閱讀而大好